This Journal Belongs To:

I0424321

www.ingramcontent.com/pod-product-compliance
Lightning Source LLC
Chambersburg PA
CBHW020322290526
45785CB00007B/2891
* 9 7 8 1 0 7 0 9 9 7 0 0 1 *